CHRISTINE DE LUCA is a Shetlander, livir
English and Shetlandic, her mother tongι
previously been published by the Shetlanc
several prizes in Shetland for her writin
Worlds, a collection of her poems, and in 2007 editions ιευειop puυιιsιιcu a
selected bilingual volume of poems which won the Poetry Prize, Prix du Livre
Insulaire.

Besides French, her poems have been translated into Italian, Norwegian, Icelandic, Finnish, Estonian, Latvian, Finland-Swedish, Danish, Polish, Austrian-German, Welsh, Portuguese, Bengali and even into English. She has read her poetry in several countries.

Many poems appear in anthologies including *Modern Scottish Women Poets* (Canongate, 2003) and *The Edinburgh Book of Twentieth-Century Scottish Poetry* (Edinburgh University Press, 2005), as well as *A Shetland Anthology* (Shetland Publishing Company, 1998).

She has had fruitful collaborations across the arts and has been an active member of Shore Poets in Edinburgh for many years. She is also a member of Hansel Cooperative Press, a non-profit-making cooperative which promotes literary and artistic works relating to Shetland and Orkney.

www.christinedeluca.co.uk
www.hanselcooperativepress.co.uk

By the same author

Poetry

Voes & Sounds	The Shetland Library, 1994
Wast wi da Valkyries	The Shetland Library, 1997
Plain Song	The Shetland Library, 2002
Drops in Time's Ocean	Hansel Cooperative Press, 2004
Parallel Worlds	Luath Press, 2005 reprinted 2008
Mondes Parallèles *(bilingual Selected Poems* *1994–2005)*	Editions Fédérop, 2007

For children

Smootie comes ta Lerrick	Hansel Cooperative Press, 2005

In translation

Roald Dahl's *George's* *Marvellous Medicine* as *Dodie's Phenomenal Pheesic*	Hansel Cooperative Press, 2008

As co-editor (with Ian McDonough)

There's a Poem to be made *(in celebration of Stewart* *Conn's 70th birthday)*	Shore Poets, Edinburgh, 2006

For Jules
— Happy memories Ullap(?) Festival
+ best wishes, Christine

North End of Eden

Poems in English and Shetlandic

Christine De Luca

CHRISTINE DE LUCA

Luath Press Limited
EDINBURGH
www.luath.co.uk

First published 2010

ISBN: 978-1-906817-32-9

The publishers acknowledge the support of

 Scottish
Arts Council

towards the publication of this volume.

The paper used in this book is recyclable. It is made
from low chlorine pulps produced in a low energy, low emissions
manner from renewable forests.

Printed and bound by
Bell & Bain Ltd., Glasgow

Typeset in 10.5 point Sabon by
3btype.com

tae da members o Shetland For Wirds,
for der imagination an dedication

Contents

CONTENTS

Acknowledgements

THANKS ARE DUE to the following:

Literary magazines and web-magazines

Avocado, Bolts of Silk, Lallans, l'Archipel des Lettres, Markings, Textualities, The Dark Horse, The New Shetlander, The Other Voices International Project, This Collection

Anthologies

The Hand that Sees – Poems for the quincentenary of the Royal College of Surgeons of Edinburgh, edited by Stewart Conn, the Royal College of Surgeons of Edinburgh in association with the Scottish Poetry Library, 2005

60/60, Dæmon 7 and 8, edited by Gerry Loose, Survivors' Press, 2005

There's a Poem to be made – in celebration of Stewart Conn's 70th birthday, edited by Christine De Luca and Ian McDonough, Shore Poets, Edinburgh, 2006

North, edited by James Sinclair et al, North Idea, 2007

A New Orkney Anthology, edited by Pamela Beasant, The George Mackay Brown Writing Fellowship in association with Orkney Museums and Heritage, 2008

Some of these poems were commissioned by Scottish PEN for their Homecoming CD; others have been broadcast on BBC Radio Scotland. The poem *Seein Baith Sides* won the Shetland Writing Prize and also the prize for best poem in Shetland Dialect, 2006.

I have enjoyed collaborating with artists Joyce Gunn Cairns and Gabriel Lalonde. The artist, Sarah Longley, whose work has also been an inspiration to me, provided the splendid images for the bookjacket and frontispiece. Thanks are also due to museum staff, particularly at the Royal College of Surgeons, Edinburgh.

Introduction

DESPITE HAVING LIVED in Edinburgh for more than 40 years, my Shetland identity is intact and my delight in my mother tongue as strong as ever. For those who have not as yet encountered the Shetland dialect, it is a version of Old Scots shot through with much that is of Nordic origin. It is probably the most distinctive of the variants of Scots.

As a child I was aware that, although the bulk of the poetry canon of Britain was in English, Shetland had poets whose work was worth reading and that some of their best poems were written in Shetlandic. The value accorded to that poetry – even if largely just within Shetland – has underpinned my attitude to language.

As a poet, I've always written in English as well as in Shetlandic, but as my confidence in the dialect as a valuable literary vehicle has increased, the linguistic balance in my poetry has shifted. In my earlier collections a third of the poems were in Shetlandic whereas now it is two-thirds. This has been an unconscious journey for me, encouraged by the response of others and the willingness of editors of poetry journals and of publishers to take a broad view of Scottish writing.

A later, but equally critical, influence on my preferred language choice was having an opportunity to interact with foreign poets, mainly Nordic writers, and their warm-hearted translation of my Shetlandic poems; and finding that I could render their poems into Shetlandic with little recourse to English. This respect shown for our dialect by other European writers has had a big influence on my linguistic confidence. The work of the Scottish Poetry Library and Literature Across Frontiers has been instrumental in this change. The icing on the cake for me was when a French publisher made a book-length translation of my poems.

However, while it is all very well being taken seriously in France or in Finland, even in Bengal, if my poems do not speak to other

Shetlanders, I might as well give up. The writing has to be authentic, should sing with their cadence; one which reflects the elemental nature of their surroundings. If writers in a minority tongue fail to take its speakers with them as an active readership, such work will, I fear, become a literary artefact, of interest only to academics. As much as the interest of academics in the linguistic riches of Shetland is beneficial to writers, I believe – from a writer's point of view – that it is secondary to the need to write in a way that tries to awaken the interest of dialect speakers and reinforce their sense of the value of their linguistic heritage. Happily the dialect is not contaminated by class-consciousness and is still a vibrant, evolving mother tongue for many Shetlanders.

I believe a love of place is fundamental to our sense of well-being; and that this love of place is enriched if we have both an historical and an imaginative backdrop on which to draw, based on that sense of place. It is a delight to attempt to distil the Shetland 'essence' and to hold it up against the wider world and, conversely, to infiltrate it with distillates from further afield. In a small language community I believe the writer has a duty to help build up the local literature and raise the status of the dialect within the islands; partly by working with young people and partly by trying to have work published within and beyond the shores, beyond Shetland's *shörmal*.

shörmal: *area between the tidelines*

In common things that round us lie
Some random truths he can impart, –
The harvest of a quiet eye,
That broods and sleeps on his own heart.

William Wordsworth

'Burra Cliffs' – by Sarah Longley

Transformation

In response to a tapestry 'Water Surface'
by David Cochrane

On the wall, the tapestry is a dapple of ivories,
pinks, purples, shades of blue to deepest indigo;
wools blended as threads of artistry.

Close up, it is a dry weave off a frame, more harp
than loom, but from across the balcony, it is
water – spooling, transformed; a memory

of an Edinburgh student who takes the stairs
three at a time, slips into the luxury of a bath,
and a lad who jumps, illicit from the rail

into the pool, smacks the water, a cold thud,
sends it shuddering. They rise as from baptism,
cleansed, trusting their own judgement.

Talisman

Wha disna, aroond der hoose or gairden,
hae steyns browt haem fae aa der vaigin?
Waeled oot, weighed een fornenst tidder,
dis boannie een; dat een maist wirt kerryin?

Eence I cam burdeened wi a chunk o quartz,
skalva-saaft ta touch, glansin, barely veined.
Somehoo, hit wis a hansel in hits whichtness,
spack o helt. Dey wir a time fock set sic steyns

inta hoose-waas, yerd-dyks, at nor-aest neuks
ta bring göd fortune; a haemfir at sood wirk,
a amulet apö hoose an laand, day eftir day.
Whicht quartz as boo-steyn, coarner-steyn, lik
a foond, a sainin. We trivvel trowe life's mirk,
a steyn i da pooch, chairm for safe journey.

steyns: *stones;* vaigin: *travelling;* waeled oot: *selected;* een fornenst tidder: *one against the other;* skalva: *large-flaked snow;* glansin: *sparkling;* hansel: *inaugural gift;* helt: *health;* yerd-dyks: *stone walls enclosing crop land near croft house;* neuks: *nooks;* haemfir: *celebration held on arrival of bride at her new home after wedding;* boo-steyn: *immoveable stone;* foond: *foundation;* sainin: *blessing;* trivvel: *grope;* mirk: *darkness;* pooch: *pocket*

Nae Aesy Mizzer

A polar projection changes foo we figure oot
wir world. Shetland isna banished tae a box
i da Moray Firt or left oot aa tagidder

– ta scale up da rest – but centre stage.
Peripheral has new meanin; an marginal.
Perspective changes trowe da years: we age,

pit wir trust in aalder maps: imperfect,
but shaain a wirld eence kent. Nae satellites
ta fix a point, nae aesy mizzer, but wi pictirs

decoratin da aedges – da fowr saesons,
da seeven winders o da wirld, da furies,
an weird sea munsters ta gluff a sailor.

Da wye twa bairns, unsure, first stare
at een anidder is foo we size up intention,
map wir territory, laern hit's safe ta share.

See me noo as du wid a aald map: finger
hit lichtly; enjoy hits mizzerlessness,
da marginalia, da element o winder.

mizzer: *measure*; foo: *how*; trowe: *through*; gluff: *frighten*; du: *you (familiar)*

For a New Decade of Song

Poem to mark Stewart Conn's 70th birthday

A biblical span, a decade ending; but Autumn
is your heady season, your sensation, when
twilight adds a grace note to life's music,
shifts discord in its plagal resolution. Now

time's measured by a gentle clock – light's rim,
the declination of a sun still bold. Watch
where her finger gilds your morning window
and where she lingers in her dipping cadence.

The year will turn, and an artist paint surreal
a landscape back-lit, impermanent; yield energy
flat-packed in brushstrokes, liquid long, with
stolen light drawn from marks and layering.

And you, with skill absurdly green, will conjure
flutes from treetops for a new decade of song.

Accidentals

Driving along with Berlioz on the radio
I draw up at traffic lights, watch a man
wash the windows of a dress shop.
His arms arc like wipers, this way and that.

He doesn't know it but he's keeping time
with the Berlin Philharmonic; conducting
the mannequins in their gorgeousness.
They're in his overture. He's unaware

of the part he plays in the manuscript:
where he augments the note, diminishes;
where interrupts the rhythm, enhances it.

Any minute now, *al tempo*, he'll quicken
the pace and they'll lift a leg,
make it racey, that 'Roman Carnival'.

BURRA SUITE

In your Face

*In response to paintings of Shetland coastlines
by Sarah Longley*

Not the douce scenes of Impressionists
nor the tranquil Caps of the Riviera
– though there's a hint in the colours –
no, this is definitively north, locked down
in March. The strokes are a thwack
off Greenland, an oceanic scrawl.
Toothy rocks jut from a surge, a gasp.
Plein air – the exhilaration of it does not
falter: a flawless race to snatch
the changing moment, imagination
in overdrive, barely a thought spared
to check foothold. What it is to catch
the sea's colour, movement; nothing
but a thrash of light, air, water, rock.

Runes o a Bairn's Simmer

Dimriv

Bide weel back fae Banna Minn, or du'll
be dere aa day purlin i da shörmal.

Awa an snare a kyunnen for da pot:
we man hain apön wir reestit mutton.

Twal-time

Mind noo, at da caa owre Virða, lay
a siller steyn apö da rönnie;

an keep wir sheep weel aest o Steina
or du'll mirackle deesel shastin dem.

Eftirnön

Tak care near da banks. Whinner Hevda
is whaar we lost wir fine black ram.

Pit dem ata da crö at Röf Loch.
Dy faider'll meet dee at Ratlin Gyo.

Hömin

Bring haem da sharpest heogan steyns;
damoarn we hae a hug to flay an flenysh.

Whin wark's dön we'll gadder at da circle,
watch solstice sun gien doon owre Fugla.

---

dimriv: *dawn;* du: *you (familiar);* purlin: *poking investigatively;* shörmal: *between the tidelines;* kyunnen: *rabbit;* hain apön: *be sparing with;* reestit: *smoke-dried;* twal-time: *midday break for cup of tea;* caa: *sheep-drive;* siller: *silver;* apö: *on;* rönnie: *cairn;* mirackle: *injure severly;* deesel: *yourself;* shastin: *chasing;* banks: *cliffs;* ata: *in;* crö: *sheep-pen;* faider: *father;* hömin: *dusk;* heogan: *rough common hill land;* damoarn: *tomorrow;* hug: *castrated ram;* flenysh: *flense;* Fugla: *Norn name for island of Foula*

Circles o Bruna Ness

Bruna Ness lippens you ta walk richt roond,
see baith sides o da soond wi hits salmon ferms:

circles for eichtsomes set ready for da dance;
an, sittin hit oot, twa caald-shoodered noosts.

Da brunt circles wis a waarm place ta set you
for a faest an a yarn eftir a day at da creels.

Dey man a bön a callyshang at da nort end
da nicht o da rant whan da muckle man

danced himsel drunk an disorderly oot o
dat circle, fell by afore dimriv, turnt ta steyn.

Bruna Ness lippens you ta walk richt roond,
circle her hiddled haert, her hael continent.

ness: *headland;* lippens: *expects;* soond: *sound;* eichtsomes: *eightsome reels;*
shoodered: *shouldered;* noosts: *hollows in beach where boats were wintered;*
brunt circles: *prehistoric communal cooking sites;* dey man a bön: *there must
have been;* callyshang: *noisy dispute;* rant: *wild dance;* muckle: *large;* fell by:
collapsed; afore: *before;* dimriv: *dawn;* hiddled: *hidden away;* hael: *whole*

Cam i da Bretsh

Papil Kirk-yard, Burra, Shetland

Ocean, skald o centuries, bringin
an takkin, trist story-slakit;
an da Saands o Minn oot-rekkin,
a train ithin his wake.

I

Wha carved dis steyn, dis litany
o hooded monks; a uncan lion;
an a celtic cross sitten pretty

abön mythic Birdmen, nebs proagin
lik faas faces o Nuxalt mummers?
Foo ta mak löfs fae naevs, kirsen

for Eucharist; saints fae men ansin
only ta sun an fire, der tongues
ootstrippin da Mirrie Dancers?

2

Local stories laid oot clear as
crystal at bluntit da mason's chisel.
Did yon sculptit doo gie paes

tae dem at outlived der bairns?
In hits gab, a paek o aald man's baerd.
Hit'll growe nae budder, greinin

for der tale: a winter o heavy seas,
der boys droondit, da inscription brucklin
in Nature's blasphemy.

3

I da wartime, a sailor's boady cam
i da bretsh wi naethin ta shaa
wha micht be seekin him.

A stranger bi strangers böried,
lik as if he wis der ain. Da steyn
declares at Someen kens him.

An fram, nae doot, a Burra man
'll lie, smored in waarmer aert,
head filt wi saands o haem.

Ocean, skald o centuries, bringin
an takkin: unbuddered, capreecious;
an da Saands o Minn oot-rekkin,
ivery grain wavvelin, gorgeous.

bretsh: *breaking waves at shore*; skald: *bard, poet*; trist: *thirst*; oot-rekkin:
reaching out; steyn: *stone*; uncan: *unfamiliar*; abön: *above*; nebs: *beaks*; proagin:
jabbing; faas faces: *masks*; foo: *how*; löfs: *(open) palms*; naevs: *fists*; kirsen:
decent, proper; ansin: *answering*; Mirrie Dancers: *Aurora Borealis*; doo: *dove*;
paes: *peace*; gab: *mouth*; paek: *a bite, small quantity*; aald man's baerd: *lichen*;
budder: *bother*; greinin: *yearning*; droondit: *drowned*; brucklin: *fragmenting*;
shaa: *show*; böried: *buried*; der ain: *their own*; Someen: *someone (God)*; fram:
far off; smored: *smothered*; haem: *home*; wavvelin: *unsteady, moving slightly*

Burra Sketch-pad

Hogalaand

Open sea, a battle cry: banks upended rin
afore da wind, horses at full gallop.

Hulters höved bi a lang-gien vaelensi;
mintie moss bouquets clos i der bosies.

Da Coall

Signs o splores, da stuff o life: banes, oo,
shalls, pens. Flooers, snibbit snug,

barely lift a head: tae-girse, tormentil;
whitna tapestry for a killin field.

Steina

Rocks knockit up, fluted pastry-cases,
aedges dinkit wi banks-flooers.

Daday, froad wheecht up an owre
an a touch o brennastyooch, finest spray.

Virda

Doon owre Virda's broo: flipit hedder,
steyn kingdom o tirricks. Dey jink an swoop

laek spitfires, nivver leet up der gun-rattle,
der haerse-trappled kirrip. Der nae truce.

Sooth Kettla Ness

Maas auctioneer crangs apön rocky faels.
A raingös wi Outra Loch tae himsel.

Five brukkit mills, der burn dry, luik
ta Sooth Havra. Nae wind ithin her sails.

banks: *cliffs;* hulters: *huge boulders;* höved: *heaved;* vaelensi: *violent storm;*
mintie: *tiny;* bosie: *bosom;* splore: *agitation;* oo: *wool;* pen: *flight feather;*
snug: *close-cropped;* tae-girse: *thyme;* dinkit: *bedecked;* banks-flooers: *thrift,*
(sea-pinks); daday: *today;* froad: *foam;* broo: *brow of hill;* flipit: *shortened (as*
in garment); hedder: *heather;* tirrick: *arctic tern;* leet up: *stop;* haerse-trappled:
hoarse-throated; maas: *seagulls;* crangs: *carcases;* faels: *turf;* raingös: *red-*
throated diver; brukkit: *broken*

31

Houss Ness

Da simmer croft wis honeyed i da hedder.
In winter, laek ta lay you by, but hard ta laeve.

Foula paces you, dips her ahint Kettla Ness.
Havra, Maywick, Fitful aa come closser.

Hit's birds at truly aan dis territory: tirricks
hadd da taing wi da barbed wire o der cries

an swaabies let you ken dey man practise
for Hitchcock pairts, steel-eyed an swack.

Laek kyunnen, you dart an dive for cover.
Scraps o black plastic, craas skoit an hover.

Apö skerries an stacks, skarfs balance
ta dry dem. Da sea scores der mythic ballet.

Flanny banks is da province o silent waegs:
dey hone der *Palais Glide*, der aerobatics.

A lifetime is a simmer: you man gorge on hit
for da laevin, for inevitable winter.

ness; *headland;* hedder: *heather;* lay you by: *render poorly;* ahint: *behind;* at: *that;* aan: *own;* tirrick: *arctic tern;* hadd: *hold;* taing: *long narrow point of land;* swaabie: *great black-backed gull;* swack: *energetic;* kyunnen: *rabbit(s);* craas: *crows;* skoit: *peer purposively;* skerries: *small rocky islets;* skarf: *cormorant;* flanny: *squally;* banks: *cliffs;* waeg: *kittiwake*

Ta Möv in Minor Thirds

Wi da peerie loch in sicht, reeds saafenin hits aedge,
an a pair o swans, barely mövin, but each da eemage
o da tidder, dey micht a bön a day at we cam here,

set wis apön dis steyn. We wid a gien ta een anidder
no jöst a horizon, but a choir o sea-birds cathedralled
in a gyo; kittiwaegs laek hang-gliders, liftin an laavin

for da joy o hit; a moch, muslin-whicht apön hawkbit,
apön da brichtest yalloo; an nae end o boannie steyns,
banks-flooers. I widda gien dee birdsang an du widda

namit ivery een for me. We micht a laid wis apön
a dry broo an, slippit ta da lute o da loch, med wir
ain music. But der a chill apö mi shooder noo, an

da hoodie-craa is shastin da waeg for aa he's wirt;
graffiti o ice is cloored da hill, riven hit tae da bane,
an da quartz shards is as herd as da tirrick's cry.

Wi da peerie loch in sicht, reeds saafenin hits aedge,
an a pair o swans, barely mövin, but each da eemage
o da tidder, dey micht a bön a day at we cam here.

---

möv: *move*; peerie: *small*; tidder: *other one*; dey micht a bön: *there might have been*; een anidder: *one another*; gyo: *cleft in cliffs*; (kitti)waegs: *kittiwakes*; laavin: *hovering*; moch: *moth*; banks-flooers: *thrift (sea-pinks)*; widda: *would have*; broo: *slope*; shooder: *shoulder*; hoodie-craa: *hooded-crow*; shastin: *chasing*; cloored: *clawed*; bane: *bone*; tirrick: *arctic tern*

Off the Wall

*In response to charcoals of Shetland coastlines
by Sarah Longley*

Back in the studio, summon
from dry sticks the wetness
of sea and sky. It is the light
you've caught, mostly the light.
The way it curtains, veils, splitting air,
hits the water with something more
than physics. The cliff hardens,
clouds threaten, the sea softens into
its own mystery. It is all back-lit,
as if for the first time, island and ocean
re-creating, re-shaping each other.

Gaet-markers

for Gabriel Lalonde, artist, Québec

At da stert, dey wir a makkin o wirds.
Some o da aerliest wis shurley 'haem'
an wirds for seekin hit whan lost; for
whan horizons mizzle awa, an aathin is
shadit greys. For whan we can scrime
nedder sun trowe ask nor starn trowe
clood. Or, at sea, whan hoop draps
laek a dorro an da haand apön da tiller
trivvels for meanin, an we glinder
for safe haven, relief o kent banks.

Some o da best wirds is for finnin
da gaet: meids to line up Ithaca or
Isbister, hit's aa da sam; rönnies
apön a steekit kame – laek *inuksuit*,
gaet-markers o da icy wastes;
blinkies for lichtin trenkies i da mirk;
Polaris, preened tae da heevens,
pin-pointin wis; buoys ta shaa a channel
free o baas; an Möder Dy – inhad,
a readin o undertow ta bring wis haem.

gaet: *path;* haem: *home;* mizzle: *disappear;* scrime: *observe with difficulty;* ask: *mist, haze;* dorro: *weighted handline;* trivvels: *gropes;* glinder: *peer;* kent: *familiar;* banks: *cliffs;* meids: *landmarks to line up when at sea to establish position;* rönnies: *prominent rocks or cairns on a hill;* steekit: *dense fog;* kame: *ridge of hills;* inuksuit: *Inuit signposts on a trail, site-markers;* blinkies: *torches;* trenkies: *narrow paths;* mirk: *dark;* preened: *pinned;* shaa: *show;* baas: *submerged rocks;* Möder Dy: *underlying sea swell;* inhad: *a bare sufficiency*

Trespass

im Pearson family, Orgill, Vidlin

If da sun hedna glansed laek yon apön da loch
or wild roses i da yerd hedna jöst oppened
or meyflooers hedna kyempit wi blugga at da burn;

or da key, for a hidmist hansel, hedna turned lik
da touch o a aald freend. An if time hedna dippit her,
nor years blurred ta days, shö'd a tocht hit true

dat blöd wis nae ticker as waater. But, almark
at shö wis, shö couldna hadd back but loupit
da grind, seekin gaets, a haemtoun, a strynd.

meyflooers: *primroses;* kyempit: *competed;* blugga: *marsh marigold;* hansel:
(inaugural) gift; almark: *a sheep that jumps over walls or breaks through fences;*
loupit: *leapt over;* grind: *gate;* gaets: *paths;* haemtoun: *field near house;*
strynd: *inherited trait*

Russian Doll

Bairn-rhyme

You wid tink dey wir only ee dolly
aa sheeny an pentit an bricht,
triggit up i da flags o aa nations:
but some rippit – dat canna be richt?

Inside dat der a Wast European
wi a luik less uncan ta see.
You can tell fae da een der a blydeness
dat life's wirt livin an free.

Inside dat een you'll fin yet anidder
jöst as boannie but peerier scale.
Dat's da British identity hoidin:
göd ta delicht in as weel.

Inside dat een a Scot is hunkered
wi a baetin haert prood ta belang
tae a country still writin hits story,
transformin wi poems an sang.

Inside dat een, a ting o a dolly
wi a tongue tied ta love o a laand:
tae a ain place, a ain fock, a language
ta hadd i da löf o a haand.

Inside dat een, da mintiest dukkie:
but da key tae dem aa, jöst da sam.
Hit waels aa da tochts, aa da feelins
sae da inner an ooter is wan.

Gloss overleaf

Attachment, Detachment

Attachment to the body of a place:
to stone, water, sky, season's colours,
the opening curtain every childhood morning.

Detachment from the body of a place:
a new map, a new horizon,
new loves, loyalties, time frames.

Attachment to the mind of a place:
to the wrap of language, thought;
intersect of history, myth and legend.

Detachment from the mind of a place:
fresh eyes kaleidoscope complexity,
archive initial clarity.

Attachment to the spirit of a place:
to force fields of interaction,
outlook, in-look, belonging.

Detachment from the spirit of a place:
beyond conscious control, something holds
firmly to past, cancels out absence.

tink: *think;* dey wir: *there was;* ee(n), wan: *one;* pentit: *painted;* triggit up: *dressed up;* luik: *look;* uncan: *unfamiliar;* een: *eyes;* blydeness: *gladness;* anidder: *another;* peerier: *smaller;* hoidin: *hiding;* göd: *good;* ting: *little one;* hadd: *hold;* löf: *palm;* mintiest: *tiniest;* dukkie: *doll;* waels: *selects;* tochts: *thoughts*

Lodger

Lurnea, Grönasund, Burra

Maggie wid drizzle syrup on da pancakes at
shö wis med him. 'Hit's no da rael thing,
Sandy, da maple syrup.' An he wid tell her
aboot da scöl-bairns: foo, i da eftirnön, sums dön,
dey wir walkit ta da shore for nature-study;
saa ivery flooer i da book, tried ivery bird call.

An Maggie wid tell him aboot Ontario, whaar,
fae hame an poverty, dey wir bön a man ta mairry,
his scry o bairns ta luik tae; an foo der infant lived
for jöst ee mont; o haet simmers, deep winters.
'Pinnishin hit wis, Sandy. You ken, fock here
tink me daft for haein siccan muckle windows.'

I turn da aald doorknobs o dis peerie hoose,
Maggie's weedowed bungalow, sae proodly beelt
for her, whan shö cam hame ta bide. I see da twa
o dem, in her gairdeen: her life ahint, his life ahead.
A'm lovin da views fae Maggie's windows,
her clowey honeysuckle, da mindin on a faider.

wis med: *had made*; scöl: *school*; foo: *how*; eftirnön: *afternoon*; dön: *done*; dey
wir: *they had, there had*; saa: *saw*; bön: *been*; scry: *group, throng*; luik tae:
look after; ee: *one*; pinnishin: *extremely cold*; fock: *folk*; tink: *think*; haein:
having; siccan: *such*; muckle: *large*; aald: *old*; peerie: *small*; bide: *stay, settle*;
ahint: *behind*; clowey: *clove-scented*; mindin on: *remembrance of*; faider:
father

Haemfarin

O aa da identities stackit athin wis,
whit een is da primal, da sharpest an truest:
da haert-holl time canna erase?

Why's haem aye da spaces o childhood, bricht
i da mindin, though decades is passed an life is
möved on? Ir we traivellers athin a rose-tintit

time-warp? An whit o haemfarin, laek salmon,
ta shores a graandmidder kent? Foo come
dis imprintin? Da poo o a place?

Whin wir fock is aa gien, dey'll still be a raison
ta come in wir thoosands, ta add tae der story
da twists an da turnins ithin wir ain saison.

O aa da identities stackit athin wis,
whit een is da primal, da sharpest an truest:
da haert-holl time canna erase?

haemfarin: *returning to birthplace after long absence;* haert-holl: *the very
heart, centre;* fock: *folk*

Imprint

Whaarivver we ir, der aye someen nort-by.
Only at da pole wid a compass birl, seek
magnetic certainty.

Whaarivver we ir on dis tirlin hemisphere
Polaris tracks wir waavellin. Sho's preened
ta da firmament; a stey.

Whaarivver we ir, nort is a state o mind
wi nae slack: aert's loops taen in,
da tap grafted aff.

Whaarivver we ir, a scanner wid jalouse
wir belangin da wye a stick o rock aans
hits origin.

Whaarivver we ir, slippit laek homin doos,
der a gaet nort. Somethin keeps nyiggin
dat invisible treed.

nort-by: *further towards the north;* birl: *whirl round;* tirlin: *spinning;* waavellin:
staggering about; preened: *pinned;* stey: *stay, support;* loops: *knitting stiches;*
tap: *top;* jalouse: *suspect;* aans: *owns;* doos: *pigeons;* gaet: *path;* nyiggin: *tugging;*
treed: *thread*

Swallows for Steynshakkers

Ouessant, Finistère

Haem-lik: taings an skerries,
rodds peter oot tae gaets
an lanes nairrow tae trenkies.
Yerd-daeks shalter shot kale,

a antrin artichoke, an hooses luik
presbyterian an prunk. Wi
incurable blue, fock shutter demsels,
rebuff gales, croog i der box-beds.

Der a steyn oothoose, low-doored,
a laambie-hoose for a goat maybe
or scutter o hens. Nets wi bowes
adoarn da gairden. Hit could be
Burra or Whalsa, wi a crucifix
an swallows for steynshakkers.

steynshakker: *wheatear;* haem-lik: *familiar;* taings: *low points of land;* rodds:
roads; gaets: *paths;* trenkies: *narrow passages;* yerd-daeks: *walls enclosing
vegetable patch;* kale: *cabbage;* antrin: *occasional;* prunk: *poised;* fock: *folk;*
demsels: *themselves;* croog: *crouch;* oothoose: *small farm building beyond
house;* laambie-hoose: *small barn used for eg sickly lambs;* scutter: *trivial but
time-taking work;* bowes: *net floats*

Catchin da Licht

Labradorite (Ca,Na)(Al,Si)$_4$O$_8$

Sailors plied da Nort Atlantic,
der windjammers ballasted
wi steyn taen fae Labrador,
da ebbs o Newfoondland.
Naethin as dour as sea anunder

a skull-kep o clood, mooskit
or shaela. Wind backin, bassel
o weet thwack on sail,
an da shift o steyns reeselin
i da howld wi ivery rowl.

Naethin sae grey, sae dull
as dis labradorite dey shöled,
naethin sae ösless. But wi taas
o licht, a glink apön hit, an hüld
at da richt angle, whit dey saa

was da wing o a dragonfly,
hits shiller o blues, glister
o maaves an greens an, for
da takkin, prisms o simmer:
haem shores, a lift o azure.

I da slack times, wi sails flaagin,
a nort man wid tak a slidder
o steyn, polish an dicht hit,
see hit flaachter on a flan, winder
on bluest een catchin da licht.

ebbs: *foreshores;* mooskit: *mousey-grey;* shaela: *dark grey;* bassel: *struggle;*
reeselin: *rummaging;* shöled: *emptied out;* ösless: *useless;* taas: *narrow streaks
(of light);* glink: *gleam;* hüld: *held;* glister: *glitter;* lift: *sky;* flaagin: *flapping
loosely;* slidder: *slither;* dicht: *wipe;* flaachter: *flutter;* flan: *sudden gust of
wind, squall*

Da York Boat

Exhibit in The Manitoba Museum

Dey laid her keel, near therty feet in lent,
bielt her, plank bi plank, a clinkered yole.
Hit took eicht men to wirk her, rummel
trowe rapids, haul her wi tree trunk rowlers

atween burns. A fraacht o furs ta gadder,
dey snuck up rivers roond da Hudson Bay:
tree ton o beaver, dratsie, muskrat. Dey ansed
her wyes; could raise a lugsail, rowe aa day.

Haerts micht a bön back haem in Orkney,
Shetland, but blöd raise wi tide an sun.
Bi day, dey laerned new wirds, new meids;
bi nicht, fyaarmed fae fiddles weel-kent töns.

In Lerrick's museum, a flit boat, heeld owre,
sib tae da York yoles wir Nortmen wrought.

dey: *they;* yoles: *slimline 6-oared wooden boats;* rummel: *falling, collapsing;*
fraacht: *load;* dratsie: *otter;* ansed: *responded to;* meids: *landmarks to line up
to establish position when at sea;* fyaarmed: *flattered;* töns: *tunes;* flit boat:
boat for moving passengers and cargo between ship and shore; heeld owre:
leaning; sib: *related to*

Sustainability

Swan's feet bag exhibit in The Manitoba Museum

He browt her haem a swan he'd killed.
Shö pluckit, drew hit, sweed hit.
Dey öt da fleysh, suppit da fine brö.
Da swan's doon shö filt inta a twilt; keepit
da pens for arrows, da banes for needles.

Only da feet wis left, sylkier as saelskyin,
saafter as caribou. Wi midder wisdom
o da tribe shö flatshed dem oot, laid
dem dagidder keepin da boannie claas,
shewed an wippit dem. Wi a loop

o deer skyin dey med a pooch ta hing
her pemmican ithin, up high an dry.
Hit seems shö kent aboot sustainability,
an nae doot da swan's feet bag set aff
her rivlins whin shö traivelled oot.

sweed: *singed;* öt: *ate;* brö: *stock, gravy;* doon: *down;* twilt: *quilt;* pens: *flight feathers;* banes: *bones;* flatshed: *flattened;* claas: *claws;* shewed: *sewed;* wippit: *bound together;* pooch: *pocket (pouch);* rivlins: *shoes, home-made from untanned hide;* traivelled: *walked*

Avoirdupois

Nae tables ta laern
aboot a swan's pen:
hits art an function.
A scale couldna tell
da weicht o filament
nor coont da number
but der acquaintance
wi watter is mizzered
in litred millions.
Trivvel a finger owre
der saaft precision,
an dey jimp back, laek
ta arc da air, takk aff.
Anunder da microscope,
multiples o planets
stretchin tae infinity.

pen: *flight feather*; mizzered: *measured*; trivvel: *feel, explore gently with the hands*

Frakka

Frakkafjeld, Dale, Shetland – 1000 AD

Frakka staands at her door. Da daal is
shaltered but lanerly: gaets geng by her.

Da sun can barely glisk her window
but her mödow is fat, her kye stuggit.

Her name maps da burn at her back:
shö sets a trootie-net across hits mooth;

wirks till mirknen: fair-skinned,
soopple i da wind at toosles her hair.

Her strent at da crö is aert-kent:
shö can roo a yowe in a meenit.

Shö luiks tae her sheep apö da heogan,
keeps dem fae da Trowie Burn.

Dey roam fae Grímr's ferm ta Burra Dale;
een smored i da Steis til Katrin.

Her aald fock keep da fire in,
bairns rin wi a kishie o paets.

Since her man was lost affa Nesting
een fae da Kalef helps wi da hairst kill.

Shö lins her at da door, skiles for whan
his boat'll roond da Muckle Ayre.

Micht da voe bring her a new lover?
Shö's wöshen her linen, reddit her hair.

daal: *valley*; lanerly: *lonesome*; gaets: *paths*; glisk: *glimpse*; mödow: *meadow*;
stuggit: *stuffed full of food*; trootie-net: *trout-net*; mirknen: *twilight*; crö:
sheep-fold; aert-kent: *widely known*; roo: *to remove fleece from sheep by
plucking*; yowe: *sheep*; heogan: *common hill pasture*; smored: *drowned*; kishie:
straw or cane basket for the back; paets: *peats*; hairst: *harvest*; lins: *rests briefly*;
skiles; *peers*; voe: *long inlet of sea*; wöshen: *washed*; reddit: *combed*

Da Sea, Hjarta

Da sea's haand trivvels da trimmlin hoch
o laand: daily shö wylcomes his comins
an gyaains; der quwilks an hiddled sochs
i der tryst; a rivin an lettin go, athin
der makkin o a blaahöl or a gyo.
Sometimes he's filsket an höves himsel
far far intil her, till shö's sabbin, plötin.
Lang micht he seek her oot, lang meld

wi her, ta keep her young an vital.
Shö's fairest dere ithin his touch;
her frame buskit wi banks-flooers,
bouquets o aert-bark, violet an squill.
Shö'll age peerie-wyes, lowse his grip
apön her; lippen a mair gentle lover.

hjarta: *term of endearment, darling;* trivvels: *gropes gently;* hoch: *thigh;* shö: *she;* gyaains: *goings;* der: *their;* quwilks: *swallowing sounds;* hiddled: *hidden, secret;* sochs: *sighs;* rivin: *tearing;* makkin: *making;* blaahöl: *blowhole;* gyo: *cleft in cliffs;* filsket: *high-spirited, frisky;* höves: *heaves;* intil: *into;* sabbin: *soaked;* plötin: *pleading;* meld: *blend;* buskit: *decorated;* banks-flooers: *thrift, (sea-pinks);* aert-bark: *tormentil;* peerie-wyes: *gently;* lowse: *let go, loosen;* apön: *on;* lippen: *expect*

Lat Geng

Alang da gaet bi Clickimin
steids o discord mulder
i da hedder. Burns tummel
ta da loch der frush an sab.
Trowe hidmost taas o licht

a wan-eyed broch still skoolms
owre ivery skirmish.
Winterin birds hing in, linger:
dunters scutter, dive an vimmer
vee shapes on da mirrored watter.

Here, i da nort, da head clears;
air wi dat niff o saat can heal
da haert, tize wis ta shörmals
whaar brakkin waves trimmel,
hadd der tension, dan lat geng.

lat geng: *let go;* gaet: *path;* steids: *foundations;* mulder: *crumble to dust;* hedder:
heather; tummel: *tumble;* frush: *spurt;* sab: *soak;* trowe: *through;* taas: *narrow
streaks of light;* skoolms: *scowls;* dunter: *eider duck;* scutter: *busily engaged;*
vimmer: *quiver, tremble;* niff: *smell;* saat: *salt;* tize: *tempt, entice;* shörmal: *area
between tidelines;* trimmel: *tremble;* hadd: *hold*

Firewirks owre Bressa Soond

For Stella Sutherland, Shetland poet

Licht fades peerie-wyes i da simmer dim;
hills cut-oot, black on a egg-shall sky.
Toon lichts mirl, da Soond platt calm.
You hadd your braeth as Shetland sinks
her clooers athin you, beds her doon.
At da crack o firewirks fae da Bressa side
a sel skoits, dooks him ithoot a soond.
Rockets burst heich owre dark watter
een eftir tidder. Abön wis, da sky is
a swirl o cotts, a birl i da darknin.
Der somethin aboot beauty poored oot
at catches i da trot; aboot da prodigal
at laeves wis moothless, winderin,
laek wi da ocean, da lönabrak.

licht: *light;* peerie-wyes: *gently, slowly;* simmer dim: *season of long summer twilight;* toon: *town;* mirl: *shimmer;* platt calm: *perfectly smooth sea;* hadd: *hold;* clooers: *claws;* sel: *seal;* skoits: *peeps purposively;* dooks: *dips below surface;* een eftir tidder: *one after another;* abön: *above;* cotts: *petticoats;* birl: *whirling dance;* der: *there is;* trot: *throat;* lönabrack: *swell and surge of sea breaking*

Wirds: der a Pocky o Tricks

       ... at lat you tink
you can mitten a hadd o dem, see
wi da sam een, spaek da sam tongue.

But der laek steyns drappit ithin watter,
wi rings ripplin oot, clearest at da haert
but waavelin inta een anidder. An even

if someen else could drap in da sam steyn,
da rings wid be different or you'd see dem
some idder wye. Some days I want

mair steyns, laek a third wird for 'you',
or a single wird for da French for dat
rinnin wind on watter, herd ta pin doon.

pocky: *small paper bag;* mitten a hadd o: *lay hold of, grasp;* een: *eyes;* waavelin: *wobbling, staggering*

Hairst-blinks

Een glinder at stoorin sun.
I da lea, simmer's dregs.
Roond a coarner, a trooker
o a nort wind frisks wis. Da lift
blackens, lichtens. Hadd fast
trowe makkin an brakkin,
swidderin time; keep clos
whit you hae: a delusion but

mair real as dis doontöm;
rain staandin affa da aert,
sae drookit you gaff. Geng
halvers wi een anidder.
Bi mirknen da lip o day
trimmels, haert i da mooth.
Share da glöd, as farder
an farder da sun hoids her.

hairst-blinks: *summer lightning*; een: *eyes*: glinder: *peer through half-shut eyes*; stoorin: *staring*; trooker: *disreputable person*; lift: *sky, heavens*; hadd: *hold*; swidderin: *swithering*; doontöm: *downpour of rain*; drookit: *soaked*; gaff: *laugh loudly*; geng halvers: *share equally*; een anidder: *one another*; mirknen: *twilight*; trimmels: *trembles*; glöd: *glow*; hoids: *hides*

Blue Een

Mindin on dat blue een
at clappit saaft apö me
an daeved as keenly.

Hit's a blue ceonothus day,
unsure o hitsel. Late frost,
dan sun spierin trowe;

simmer wi a hint, a skröf
o winter. Fock still happit.
A man at da boddom

o a ledder, luiks up. Da lift is
a blue forivver. A dug, twisted
roond apön hitsel, clooers

at da scab dat's no laek ta heal.
As I geng I man trust; takk
da blue een wi me.

een: *eyes*; mindin on: *remembering*; clappit: *stroked*; daeved: *deafened, over-powered*; spierin: *questioning, penetrating*; trowe: *through*; skröf: *surface layer*; fock: *folk*; happit: *well wrapped up*; lift: *sky*; clooers: *scratches*; no laek ta: *unlikely to*; geng: *go*

Ultima Thule

Is hit da flans at's fellin dee, der skelp
affa Fitful; da dirl an blatter o wir gales?
Or da Roost's caald glanse at dis ootpost?
Is du missin dy lass? Nae news fae haem?

Is hit spaegie creeksin as du croogs ta pent
caald planes; da seekly stink o turpentine?
Sic a teddisome job to fill time. Wid du
redder wirk waarm aert an prune vines?

Is hit saand scuddin affa Scatness, or
tinkin lang whin, owre Toab, du scrimes
da green paek on da toons an draems
o idder broos cled wi olive groves?

Shut dy een an hear da mandolin,
an a lass murnin in her scant hömin.

flans: *sudden squalls of wind*; dirl: *vibration, shaking*; blatter: *shaking*; da Roost: *tide race south of mainland Shetland*; glanse: *sparkle*; du: *you (familiar)*; dy: *your (familiar)*; spaegie: *muscle pain after exertion*; creeksin: *aching*; croogs: *crouches*; teddisome: *tedious*; redder: *rather*; tinkin lang: *wearying for home*; scrimes: *sees with difficulty*; green paek: *first shoots*; toons: *fields*; broos: *slopes*; cled: *clothed*; murnin: *weeping*; hömin: *twilight*

Love in a Caald Climate

Hit wisna his widden palin
nor da openwark o steyns set
ta brack da wind, nor
da hedder he prammed
atween fences; nor

da tang he tör fae da ebb
an turned an turned, nor
his fingers brakkin clods;
nor wis hit da sun scrimin
peerie-wyes. Na, hit wis

da draem shö planted
an a rösin ithin her luik
as shö stakit hit, willin
da wan rose ta oppen,
ta hadd mirknen.

palin: *paling*; openwark: *lace (knitting)*; hedder: *heather*; prammed: *tightly packed*; tang: *seaweed*; tör: *tore*; ebb: *foreshore*; brakkin: *breaking up*; scrimin: *peering*; peerie-wyes: *gently*; rösin: *praising*; hadd: *hold*; mirknen: *twilight*

In Pursuit

*In response to a drawing by Joyce Gunn Cairns
of an exhibit at the Museum of the Royal College
of Surgeons, Edinburgh*

This is my foot, close relative
of the one I first discovered,
tried to focus on, fit in my mouth:
the one from which I learned
foot-ness, me-ness, otherness.

This is the foot that stumbled,
learned to hold me upright;
the one that ran a thousand lines,
fleet winger: crossed balls, struck goals.
Folk said there were none like me.

This is the foot that danced
fumbling steps in pursuit of love;
that trembled between dark sheets,
touched a strange wisdom;
that still walks with me.

This is the foot that took me to war,
that, muddied and bloodied, rotted
in the trenches; the one you lopped
quickly. (Whisky dulled the pain
but not imagination or hearing.)

This is the foot, they tell me, you kept
for scientific purposes. Phantom
of youth perhaps? The foot that aches
on winter nights, twitches when
the band strikes up; still dances.

Breton Circle Dance

Ouessant, Finistère

An dro

Feet drum doon a aert-flör
dancin hit clean
rivlins in rhythm,
side-steppin, saaft sheen.
Airms linkit tagidder
back, fore, up an owre,
laek flail apö flakki,
laek sail at da shore.

Minuet

Da wye da horizon wavvels:
hadds tae her, but tizes farder,
balances apö da aedge.

Even time dips her, salists.
An boats, heeld owre i da ebb,
recline for a artist's brush.

Da snaar here – a slow dance –
isna sib tae da Manche whaar
tides gallop fast as a horse.

A sea foo o sky. Sun lip-lines
waves as dey hadd der braeth,
glosses dem. Dey tip, smush

inta smoorikins, a hush
apö saand; a linkin o airms,
a steppin tae da sea's percussion.

An dro

Feet dance doon a aert-flör
daddin hit clean
rivlins in rhythm,
side-steppin, saaft sheen.
Airms linkit tagidder
back, fore, up an owre,
laek flail apö flakki,
laek sail at da shore.

aert-flör: *earthen floor*; rivlins: *shoes, home-made from untanned hide*; flakki: *a straw mat over which oats were winnowed*; wavvels: *wavers*; hadds: *holds*; tizes: *tempts*; salists: *pauses for a moment*; heeld owre: *tilted*; ebb: *foreshore*; snaar: *slack turn of the tide*; sib: *related*: smush: *fine drizzle*; smoorikins: *kisses*; daddin: *beating*

Transport o Delicht

Crossin da Meadows, Edinburgh

A digger reesels by twa lovers wippit
roond demsels while a workman, pink
i da dicht o cherry blossom, maks licht

o his varg; offers ta kerry me, twice his age,
across da tarry gaet der reconstructin.
His confetti humour lifts me laek a sainin.

He micht a bön dat gondolier at waited
for da bride furt bi da Maddalena chapel,
a niff o lilies roond him i da ön o haet,

or a roddy man wavin ta wis, peerie tings
i wir simmertime, shockin i da stoor
o der lorry as hit dirled bi da New Rodd.

Dey stöd, bare-airmed, wind i der hair,
gravel-covered fae da quarry-höls,
der heroic chariot on da haemward rin.

reesels: *rummages noisily*; wippit: *bound up*; dicht: *light wipe*; varg: *heavy,
dirty work*; gaet: *path*; der: *they are; their*; sainin: *blessing*; micht a bön: *might
have been*; furt bi: *outside*; niff: *smell*; ön: *sultriness*; roddy man: *workman
(roads)*; peerie tings: *little children*; shockin: *choking*; stoor: *dust*; dirled:
vibrated heavily; stöd: *stood*; höls: *holes*

The Innocents

La Cattedrale, Siena

Such opulent humility was made
by hand of men who strove in stone
to raise the noblest church in Christendom.
(Even grandeur in the sad, unfinished nave,
chisel and mallet arrested by the plague.)

Safe in a regal tomb of images,
– a gilded canopy, a dome of stars,
stoups of holy water, sculpted saints,
a cavalcade of soaring priestly pillars –
centuries of art give way to stark

new stories: a corner clutter, a collage
of racing helmets, bibs and first bootees
– some still in pinkest gauze of the unborn –
football scarves, a leather lead: tactile
mementos, dark in candle dribble.

Nearby, three little unposed graces giggle,
fresh in the chancel of their pastel days,
heedless of sculpted lions with claws
in lambs, playful on a shocking floor:
a Slaughter of the marble Innocents.

The Four Pillars of Wisdom

La Chapelle de Monbos

For Bernadette Paringaux and Jean-Paul Blot

They raised their chapel sanctuary at Monbos,
'at the wood of the hill' – quarried their visions
out of limestone, recounted stories of the Flood
and its Rainbow, of Eden and the Fall;
of a Garden lovelier than the fields of Périgord,
more fruitful than the vineyards of Bergerac.
The prayers of Monbos were as pure
as the pinprick of dawn piercing the chancel,
as gentle as dusk's hand upon the west door.
And the story of the Garden was chiselled upon pillars.

There was a tree, once, a wondrous tree, surrounded
by a garden full of flowers. Animals roamed at will
and birds sat in its branches. God created Man
for this garden, and, laying His hand upon him,
upheld him, showed him beauty and plenty.
And that was the first pillar, the Pillar of Harmony.

The man watched the doves of the air, the owl that roosted
above his head, the cockerel that scraped seeds
from the soil. He saw sheep with lambs and delighted
in naming; knew his hunger; spied the serpent swallow
his prey. A hawk shared the first kill with him.
And that was the second pillar, the Pillar of Dominion.

But the hawk was not friend enough for the man,
so he picked up a horn and blew sound into the void.
But only the dove called back and, by night,
only the owl. So God pitied the man in his loneliness
and when the man slept He made for him a helpmate.
And that was the third pillar, the Pillar of Fulfilment.

But the man and woman forgot to tend the garden,
trampled the blossom and clubbed the animals.
The serpent watched them spend their days and nights
in the bliss of their bodies, in self-obsession. He saw
them turn from God who had given them everything.
And that was the fourth pillar, the Pillar of Separation.

The story of Eden, of the Fall, resounded in Monbos
in the dressing of stone and hewing of wood.
There was no story more important. It was told
on Four Pillars of Wisdom, as high as the Eucharist.

Genesis 2:15

Faa fae Grace

Eden rekkit roond da voe – löf o watter,
isles an hills circled da aedge o da wirld:

Stoorburgh, Forratwatt spelled oot
sometime atween da namin o birds an
da namin o starns; Vaila, lyin aff, micht
a bön America; Foula, laek ta flot awa

apön hits asky plinth, wis mair Atlantis.
We rowed aroond, safe i wir ain ocean.

We could vaige tae da fowr coarners
o a treeless Eden, dis blissit gairden.
Burns an lochs fed imagination,
trowie-steyns led wis a mirry dance.

Da first kennin o göd an ill – dat first
shiv fornenst da leemits we wir set –

cam quick enyoch. Da burn an hits
blaandishment o bandistickles, an dan
step bi step inta da mirk anunder da brig.
Or farder, tae da New Pier whaar men

wha'd survived da Scilla an Charybdis
o Aester or Waster Soond wis sheltered.

We mapped a green wirld atween da tides,
sliddery anunder da muckle pier, whaar
serpent eels wir munster enyoch, whaar
you laerned quick tae be sure-fitted.

Sometimes da aald cut i da instep tifts,
mindin on Eden an a aerly faa fae grace.

faa: *fall*; rekkit: *reached*; voe: *long, often narrow, inlet of sea*; löf: *(hollow)
palm of hand*; micht a bön: *might have been*; asky: *misty, hazy*; vaige: *travel*;
trowie-steyns: *large stones associated with troll legends*; kennin: *knowledge*;
göd: *good*; ill: *evil*; shiv: *shove, push*; fornenst: *against*; bandistickles: *stickle-
backs*; mirk: *darkness*; brig: *bridge*; sliddery: *slithery*; enyoch: *enough*; tifts:
throbs; mindin on: *remembering*

Vigil Shawl

For Harriet Harvey Wood in memory of her sister, Alison

One sister is knitting a shawl: plain
alternates with pattern; watching with
tending. The wool is fine, but strong:
it holds the long brevities, the sighs
beyond words, the shared frailties.

It is their shawl, a making ready for
a niece's baby. The stitches,
tiny and intricate, make unpicking
both necessary and difficult; at times
they require a kind of forgiveness.

The moments follow their liturgy,
satisfying and deeply patterned.
The room is filled with simple vigil,
with the rendering of all things new,
of all things ultimately bearable.

The sisterly silence, the lap of time,
the shawl's soft happing,
the diligence of touch: they flow
into prayer for safe passage, into
a hansel laid at the door of love.

Future

im Adrian Mitchell

Space micht be da frontier: nae mairch-steyns dere
as yet ta fecht owre. Mair as laek wir destiny is
i wir ain haands, here apö aert, progress only trowe
wir bairns, an foo we laern dem humanness;

ta hae nae faer o een anidder, nae wiss for pooer;
ta pit der lug tae da vimmerin shall o da universe,
lö tae hits braeth, hits baet; ta spier da leemits
o wir wirld, hain apön hit, fin foo ivery een o wis

can share a coarn wi fock wir nivver met. Whedder
we tink life a empty birl in time an space, or pairt
o some graand plan yet tae unfawld; or wavvel
atween poles o faith an disbelief – what idder
as wir bairns can mak a future, wi sharin haerts,
strikkin oot i da mirk wi a canny heritage?

mairch-steyns: *boundary stones;* fecht: *fight;* mair as lik: *more likely;* aert:
earth; learn dem: *teach them;* een anidder: *one another;* pooer: *power;* lug:
ear; vimmerin: *quivering, trembling;* lö: *listen intently;* spier: *question;* hain
apön: *use sparingly;* coarn: *a small amount;* fock: *folk;* birl: *whirling dance;*
wavvel: *waver;* mirk: *darkness;* canny: *gentle, knowing, not given to excess*

Markings

The Shabaka Stone, c.710 BC, British Museum

In the 25th Egyptian dynasty
King Shabaka of Memphis decreed
the story of creation be inscribed
on a slab of blackest basalt. There
it would reside for all eternity.

Its hieroglyphics showed the plan:
how Ptah, chief god of Memphis,
played a decisive role in cosmic
history. The stone, regal with its
causal narrative, still stands.

But what illiterate miller could resist
its practicality? It could be moved,
could make another story. Grooves
incised apon its latent face unleashed
the fruitfulness of earth, the grist

of gods. The black stone swirled,
spun and spilled rich millings
from the old Nile's silts. Carved into it
was this star. From earthly emblem
Ptah's heaven had been clawed.

Severed

Limestone Dyad, c.1350 BC, British Museum

A broken hand enclosing hers suggests
this sculptor knew of tenderness; of how
a block of stone could hold an intimacy.
The traces of their touch still tremble
on her knee.

None are named: not the craftsman nor
the man and wife. Decorous, they perch
on a couch, clothed in their flowing pleats.
Her tresses are startling. They are elegant,
elaborate.

* * *

Overt affection in front of family was
infra dig, but dad used to perm mum's hair
with equal diligence. It took all evening.
We were attendants in an orbit of delight:
we offered curlers;

tiny papers like licit roll-ups; potions
dabbed at each up beat, each turn; and
all in prescribed order. Perming seasons
came and went, transforming kitchen
into courtly space.

* * *

Nurses handed out the instruments with
similar particularity, in stipulated order:
marking her, cutting, cleansing, stitching,
dressing. They danced to a surgeon's
mutilating music.

* * *

The presence of the dyad is arresting,
so much so I do not even notice
the woman's breasts are severed.
Her intricate hair is so flawless,
so lustrous.

Reshaping Memory

Perhaps, fifty years on, it is time
to recall, as I step from my bath
mirrored in my own displeasure,
your look when I, still a girl, burst
in upon you.

Perhaps, fifty years on, it is time
to recall a mother's face, unsure:
was it anger, or amusement,
even pleasure at my intrusion?
More likely embarrassment.

Perhaps, fifty years on, it is time
to jettison that fear of seeing
bodies other than those of lovers,
babies, children. I should have
dressed your wound.

Perhaps, fifty years on, it is time
to regret I didn't wash your body:
the one breast, shrunken belly,
the secret purse that birthed us,
your closed eyelids.

Perhaps, fifty years on, it is time
I accepted the body I inhabit;
re-shaped a mother's memory.

Butterfly

Museum of the Royal College of Surgeons, Edinburgh

How come this shell-like whorl,
this breast duct papilloma
set up house in you? It has a beauty

that louche parasites possess, neither
strived for nor sought, but stolen,
like an orchid or kiss of mistletoe.

Sectioned in its specimen bottle
it is small and beautiful, a butterfly
in search of a flower on which to settle;

the feathery edge, shimmering spots,
segmented colours. Mother, you kept
your dark butterfly a secret from us all

for far too long, until each intervention
was less effective, merely postponing
the inevitable. You and the nurse were

always brave. I could only work
superficially, pin a pretty brooch
to your lapel to keep your spirits up.

A friend sent a cantle of kissed missal
from her pilgrimage. We were unsure
whether to pin it to the wound, or

sleep on it. The thing you missed most
was not your breast, but the voice
that sang behind it. The pure strains

were stolen, and the residual butterfly
that fluttered round your throat was
an intruder from a songless world.

Voluntary Redundancy

Okay. I give in. My genes are suspect,
pre-disposed to *kamikaze* tendencies;
familial links to cancer now detected.

I will agree to surgery, sign away
redundant reproductive parts without
a backward glance; put up no struggle.

Mercifully I will not be expected to rise,
fresh from the knife, curtsey, apologise
for bothering the good surgeon, as did

one early pre-antisepsis patient, only
to fall dead, biblically, on the third day.
Nor will I have my incisions doused

in best French brandy, though I dare say
a nip or two would take the sting away.
Things have moved on through centuries.

And I'll be driven there and back
in cushioned comfort. As I ride
I'll recollect pioneers of gynaecology:

Ephraim McDowell bringing his patient
sixty miles on horseback to his surgery;
the long ride back to unimagined health.

My gratefulness extends to each discovery
that makes such journeys relatively safe.
However, it must be said, God is a man,

otherwise we would have a system that
comes away itself when redundancy
is the only option on the table.

Obstetrical Chair

Museum of the Royal College of Surgeons, Edinburgh

I am the obstetrical chair, my girl,
the birthing seat; not to be confused
with softly upholstered nursing chairs,
low and seductive. No, I come first.

And you, hussy that you are, about
to birth a bastard. Have you no shame?
I've seen some sights, I'll tell you,
ones to fright you, make you wish

you'd kept your virtue. They'll lash
you to me, screw me to the floor.
So all your swollen thrash, your screams
will come to nothing. So hold your tongue.

I am the chair of pain, of all unreason.
While you try to free yourself from
that serpent muscle, I stand upright,
to remind you of Eden's wantonness.

Tagidder

Museum of the Royal College of Surgeons, Edinburgh

Wir nivver grown up, aye bidden laek dis,
floatin, draem-lik; wir midder's watters
swoppit for formaldehyde. We dwaamed
eicht mont awa, sidey-for-sidey, tinkin
aa bairns wis laek wis, conjoined, sharin
space an time, a antrin organ if need be.
Da doctor said dat hit wis jöst as weel
we didna poo troo da operation. Mam
nivver saa wis, said shö couldna dell
wi freaks. Da nurse at dichtit wis telt her
we wir aa but perfect tings, mair lik
angels sleepin. Shö wis da een dat strokit
wir fair heads, wir peerie taes, sained wis
wi her taers. Said hit wis a shame.

tagidder: *together*; bidden: *stayed*; midder: *mother*; dwaamed: *dreamed, dozed*;
sidey-for-sidey: *side by side*; wis: *was, us*; antrin: *occasional*; poo troo: *pull
through, survive*; saa: *saw*; dell: *deal*; dichtit: *wiped clean*; tings: *little ones*;
peerie: *little*; taes: *toes*; sained: *blessed*

Da Seevent Bairn

In response to a drawing by Joyce Gunn Cairns
of an exhibit at the Museum of the Royal College
of Surgeons, Edinburgh

Can you see da wye mi jaa is set, clenched,
dry as da empty wame? Six grittit teeth:
een for ivery infant riven oot afore mi time.
Dey said I hed da pelvis o a bird, a sporrow,
dat I sudna come greetin der wye again. Heth!
A craa skoitin for crangs widda taen mair peety.

Dey wir a murnin owre Egypt, I warn, whan
der firstboarn wis laid sindry. Blöd ran
i da watter, dan a plaque o puddicks, mirds
o keds, flechs, locusts afore dey aa brook oot
in boils, afore da hailsteyns flatshed der coarn.
I widda taen seeven scourges ta save mi bairns.

See mi haand. Hit micht be croppened, but
eence hit hüld a infant, mi only livin een,
mi seevent. Dat haand fan mercy, I tell you,
at da last, as I strokit her peerie head,
pat her tae mi briest, nöned tae her.
I widda dön hit aa again for her. I widda.

jaa: *jaw*; wame: *womb*; sudna: *should not*; greetin: *crying*; Heth!: *mild oath*;
craa: *crow*; skoitin: *purposively looking*; crangs: *carcases*; widda: *would have*;
murnin: *weeping*; warn: *warrant*; sindry: *asunder*; blöd: *blood*; puddicks: *frogs*;
mirds: *swarms*; keds: *ticks*; flechs: *fleas*; flatshed: *flattened*; croppened: *shrunk
and twisted*; hüld: *held*; peerie: *little*; nöned: *hummed*

Trowe a Gless, Darkly

for Alex Nicolson

Dere du is, peerie ting, aa head an belly,
a scan o shadows i da wame. Bölled
i dy tree mont coracle, safe an soond,
face up tae da mön; nae greetin yet.
Nae taers swittle i da mirk o dy ocean.

'Created in secret' da psalmist said, an
'curiously wrowt'. A fortnicht farder,
du'll box an birl, tirl headicraa, mak
dy midder gaff an hadd dee tae her.
Sic kennin is sair, mair as we can tak.

Ee day shön, penter slippit, du'll traivel
dy gaet, come wi a gödless sprech. Airms,
debaetless, 'll rekk oot tae dy blödied safety;
an shö'll sain, face tae face, wi her taers,
dy airy spricklin, dy faerlessness.

Psalm 139:15; 1st Corinthians 13:12

du: *you (subject, familiar)*; peerie ting: *little one (term of endearment)*; wame:
womb; bölled: *bedded down*; mön: *moon*; greetin: *crying*; swittle: *splash gently*;
mirk: *dark*; dy: *your (familiar)*; birl: *whirl round*; tirl headicraa: *turn somersaults*;
midder: *mother*; gaff: *laugh loudly*; hadd: *hold*; dee: *you (objective, familiar)*;
kennin: *knowledge*; shön: *soon*; traivel: *walk (travel)*; gaet: *path*; sprech: *shrill
cry*; debaetless: *exhausted*; rekk: *reach*; sain: *bless*; spricklin: *wriggling*

As if a Rag

A poem to mark 60 years since Hiroshima

Ess gengs ta ess. As if a rag, we laeve
naethin but shadow apö da steyn.

As if a rag, Reiko vaporised dat day,
whaar her tinny lay, wi laef-pattrens
apö da lid. Inside hit, aa carbonised,
boiled peas an rice. A doon-siteen:
faerdie-maet for a unlippened journey.

Proodly, a boy gud furt wearin da belt
o his dead faider: da ledder was fun
an bits o his breeks. Dere, da worn patch
shewn apö da knee; but whaar wis da son,
his claes da scoodered shadow o her bairn?

Miyoko nivver came haem. Her midder,
lossin her mind, sowt tree mont for onythin
at micht tell her wan wye or da tidder.
Dan ee day shö cam apö da sandal, med
bi her ain haand, an wi da name scriptit.

Ess gengs ta ess. As if a rag, we laeve
naethin but shadow apö da steyn.

Hiroko survived, eichteen year aald;
half a mile fae da infernal haert-holl.
Claes an shön intact; wirds an fleysh flayed.
Her midder, wi tree strokes o da redder, laid
apö da flör every hair o dat precious head.

ess: *ash;* gengs: *goes;* doon-siteen: *meal;* faerdie-maet: *food for a journey;*
unlippened: *unexpected;* furt: *out;* faider: *father;* ledder: *leather;* fun: *found;*
claes: *clothes;* scoodered: *scorched;* midder: *mother;* haert-holl *very centre;*
shön: shoes; tree: *three;* redder: *comb*

Advent Wreath

Ipswich, December 2006

Da first candle
is for Gemma, dumpit in a burn.
I da nicht sky abön her nakitness,
a starn gutterin.

Da second candle
is for Tania in watter-slockit sleep.
I da beginning, dey say, darkness
wis apö da face o da deep.

Da third candle
is for Anneli, sweet an gentle laek da rest.
Her tree mont seed laid sindry
in a gödless greff.

Da fort candle
is for Paula an her bairns.
Mirk trees abön her, a clatch
o laeves maks a aggled wreath.

Da fift candle
is for Annette an her son's slumber.
Blue an purple i da nakit cowld,
da saeson's royal colours.

Five candles for a Holy Bairn
licht o waitin
licht o virmishin
licht o sufferin
licht o comin
Licht o Hope

starn: *star*; slockit: *extinguished*; tree mont: *three month*; sindry: *asunder*; greff: *ditch (at base of peat bank)*; mirk: *dark*; clatch: *sticky mess*; aggled: *soiled*; virmishin: *longing anxiously*

Rites o Passage – 1

In response to a painting, 'A Child's Funeral'
by Albert Edelfelt, Finland, 1879

Watter glanses i da heich sun. Trees pent
demsels apön simmer sea. I da silent boat
nae een meet nor dare ta lie apön da blue
o da peerie kyist, hits lid aedged wi lace,
froad-lik, fae a veil. Apö da middle taft,

da sister, gowlden-headed, sits aside hit,
hadds mintie flooers tae her. Shö stares
at licht apön watter. At her dark back
her midder in a hap, granny in black,
luik oot ta sea redder as at een anidder.

In whicht cloots dey hadd der meenistries:
fairdie-maet, Bible. I da starn, da faider
in blackest waistcot steadies himsel fornenst
da tiller. Mony's da time he's steered dem
tae Eucharist, marriage, kirknin, christenin.

Der naethin ta be said; duties ta gyet trowe,
somehoo. Der neebers row da boat, luikin
but no seein. Da man'll help kerry da kyist,
da wife, da widden cross. For dem aa,
mödows can lie anidder day unturned.

glanses: *sparkles;* demsels: *themselves;* een: *eyes;* peerie: *small;* kyist: *coffin;*
froad: *foam;* taft: *thwart;* mintie: *tiny;* midder: *mother;* hap: *shawl;* redder as:
rather than; een anidder: *one another;* cloots: *cloths;* hadd: *hold;* fairdie-maet:
food for a journey; faider: *father;* fornenst: *against;* kirknin: *first attendance*
at church of newly-married couple; neebers: *neighbours;* mödows: *meadows*

Rites o Passage – 2

*In response to a painting, 'Going to the Christening'
by Albert Edelfelt, Finland, 1880*

Da faider's gien a lick o pent tae der boat.
Da midder's dinkit her bonnet wi reebins
ta match her hap an froak. Her een rest apön
da bairn, buskit i da sam pink, in her bosie.

Granny hadds da Bible, rowed in whicht,
but daday haps silk aroond her shooders;
her bonnet is simmery, her wirds bricht.
Da faider enjoys a pipe, lowses his sark.

Da neeber fock hae a oar apiece. Dey aa
luik at da infant, lö tae her quiet braethin,
nön o watter slappin i da ask o moarnin.

Only da peerie lass luiks awa, sees
anidder pictir. Nedder da lichtsome air
nor flooers' scent blocks oot da mindin.

dinkit: *decorated;* reebins: *ribbons;* froak: *dress;* buskit: *dressed up;* bosie: *bosom;* rowed: *wrapped;* daday: *today;* lowses: *loosens;* sark: *shirt;* fock: *folk;* lö: *listen intently;* nön: *soft sound;* ask: *haze;* peerie: *little;* lichtsome: *inspiriting;* mindin: *memory*

Mövin on

Queer
foo da midder erne,
her laachter barely fledged,
rives der nest sindry
stick bi stick; flaachters,
nugs dem till dey faa,
till dey fin der wings.

Da een at birls doon
flichtless, shö swoops
ta catch; lifts him up
– a back burdeen –
bears him tae da tap,
bides till he gets
da hang o hit;
till he's swack.

Deuteronomy 32:11

midder: *mother*; erne: *(sea) eagle*; laachter: *litter*; sindry: *asunder*; flaachters: *flutters*; nugs; *nudges*; faa: *fall*; een: *one*; birls: *whirls rapidly*; bides: *stays*; swack: *supple, energetic*

On da Reboond

Dunna tell me dy saga,
A'm seek o narrative;
nor spaek o blue-melts
or foo things dowe.
Eemages only geeng sae far.
Cut tae da quick,

tae da haert o hit,
da pluperfect:
ta whaar du's bön
an, wi da glyed een
o mislippenin, du's dippit dee;
whaar du micht geeng.

In a list o wirds
hit lies atween rebuff
an rebirth, near enyoch
ta rebel an rebigg;
a harkin atween
echo, re-echo

fornenst setback,
soondin-board,
an ivery faas dimriv,
inta da present tense,
da here an noo
o dy new scrievin...

du, dee, dy: *familiar form of you(r)*; seek: *sick*; blue-melts: *bruises*; dowe: *fade*;
bön: *been*; glyed een: *squint eyes*; mislippenin: *false expectations*; dippit: *sat
down, rested briefly*; enyoch: *enough*; rebigg: *rebuild*; harkin: *whisper*; fornenst:
against; faas: *false*; dimriv: *dawn*; scrievin: *writing*

Seein Baith Sides

Hoofjeld, Cunningsburgh

Dis whaar
a wird can draa a pictir,
name hit, aan hit,

whaar
Hoofjeld, steep an heich,
'll lintel wis,

whaar
springs lowse dem, sing
fae her skurt,

whaar
stripes tröttel, trivvel
her denkies an gyills,

whaar
da Burn o Mel swittles inta saand,
da Burn o Hamari Fjeld spunders owre steyns,
da Burn o Russdaal seeks her lost stallions,

whaar
wind still wheeps Sloaga Brune,
scooders hedder,

whaar
da shape o da hill soonds
da lie o da laand,

whaar
her daily litanies
hadd memories.

Dis whaar,
dimriv an mirknen,
we'll mak hit tae da tap, claim
baith wir horizons.

dis whaar: *this is where*; aan: *own*; lowse dem: *let themselves go*; skurt: *bosom*;
stripes: *rivulets*; tröttel: *mutter*; trivvel: *grope gently*; denkies: *shallow depres-sions*: gyills: *little valleys*; swittles: *gently splashes*; spunders: *rushes*; scooders:
scorches; hedder: *heather*; hadd: *hold*; dimriv: *dawn*; mirknen: *twilight*

At Sixty

Dat line whaar birds, hurless, cross
a treshel-tree, winter at der back,
or a skirl o simmer afore dem.

Whaar, alang da sixtieth parallel,
sheerlin on ringin strings vimmers
on a nordern palette. Hingin in

ta tree score year is harkin for dat line,
anidder saison o sang. Hit's pushin
fornenst da door, liftin da sneck, takkin

da fiddle doon an tunin whit's left ta mak
da notes. Fingers rekk farder, trivvel
da missin string, tize oot da melody.

hurless: *exhausted*; treshel-tree: *threshold*; skirl: *shrill laugh*; sheerlin: *singing
(of birds)*; ringin strings: *resonance when playing the fiddle*; vimmers; *trembles*;
tree: *three*; fornenst: *against*; sneck: *latch*; rekk: *reach*; farder: *further*; trivvel:
grope gently; tize: *tempt, entice*

Meeting India for the First Time

Closest I ever got to you was watching
a lissom Indian dancer. After the drama
of the Scots girls with their kilted kicking,
then clicking Irish feet and stair-rod arms,
her body flowed delight, without a sound.
As she turned, it seemed she conjured birds
mysterious from trees; a story grounded,
pre-verbal, beyond the need of words.

She hid from view the endless repetition,
the strain of learning every tiny movement.
It seemed a gift she opened for our pleasure,
an invitation. There was no partition
of spirit or of mind from body. Barefoot,
she danced us back into a youthful future.

Being a Eunuch at Akbar's Court

India 16th century

It all started fairly well for me that day:
Akbar praised me for my loyalty, my quiet step;
he was tired from audiences with nobles.
The sun dropped quickly over Fatehpur Sikri,
its sandstone pinker in the evening light.
A slight breeze riffled flowers and pools.
Akbar had started his evening work: the getting
of a son. A mighty kingdom needs an heir.
Three wives and still no child. I think he would
have emptied half his treasury for this.

I bore his perfumed note to Miriam's maid.
She whispered I should tell my master her mistress
is unclean, her auspicious time has passed, her stars
not in the ascendant. I scurried back.
Those passages are dark and labyrinthine, but
it is my job. 'Bring me my first wife then,
my Jahanara. I need a Muslim son.'
Even the nights are warm now. He's put aside
his fur-lined *chauga*, donned his airy one,
the one that shows his manhood.

Much of my life I spend in secret passageways.
At Queen Jahanara's I glimpse her chamber,
see its mirrored splendour, gems embedded
in its walls. Her handmaid says the mistress
has strained her back whilst arm-wrestling,
regretfully declines and offers an apology.
By now Akbar has finished his ablutions,
climbed to his majestic plinth. Impatient,
he shouts at me as if it's all my fault. 'Surely,
I give them sport enough! So that just leaves

my little Hindu, my sweet third wife,
my Jodhabai. Take her this note. There can be
no excuses.' I hasten off, heart in my mouth;
I have a dreadful fear the rumour that she fell
whilst playing polo two nights ago is true.
I find her handmaid and confirm the worst.
Akbar will take it out on me, his faithful servant.
Sometimes I think a eunuch's life is harder
than a king's. I tell him they are all at prayer
to *Durwa*, for a son. He sighs and says

'Bring me a concubine then, that Persian one.'
No note this time. Again I rush off underground,
come up like some nocturnal animal to find
the harem is festering with some disease.
I get no further than the courtyard, but turn
and run for fear I too might be afflicted
and bear it to my king. But when I reach
his chamber he is sound asleep. I lower
the lamps, tiptoe to my post, think of all
his noble battles won, his conquests lost.

Royal Colours

16th century

In saris of red, orange, cyclamen and salmon,
maid-servants in Akbar's famous palace stand
in the sun. In the middle of the courtyard game
he sits, moves these dazzling counters one by one.

21st century

In saris of red, orange, cyclamen and salmon,
gleaners ride home on a tractorload of straw,
or work through all the hours the sundial shows
at the Royal Observatory, restore its former glory.

As I Turned fae a ATM Machine

a camel cam stoorin by, pooin a kert.
He luikit doon his nose at me i da wye
at only a camel can, for I wis gawpin

at him, at his stately neck wi hits paintit
swastika for aa ta see. Summonin
da wisdom o his forbears, he seemed ta say

'dis symbol brings luck, göd healt an strent,
an maks da sun sheen waarm apön you,
helps you fin love, wealt, final liberation!'

He wis fair pinnin alang, yon camel
wi da swastika apön his neck, bördly-lik,
wi a muckle lod, nae budder ava.

stoorin: *moving swiftly*; pooin: *pulling*; kert: *cart*; göd: *good*; pinnin: *moving swiftly*; bördly-lik: *robust-looking*; lod: *load*; budder: *bother*; ava: *at all*

Fire – Sang Cycle

Shetland and Rajastan

Da first notes

A göd paet bank is een
wi deep moor, a third paet,
blue at da boddom, nae
horse-fleysh ta speak o,
a dry hill for kerryin,
an a loch tae guddle in.

A göd hoose has,
aroond da door,
twartree buffalo
for *lassi* an for mylk
an sharn. Forbye,
dey'll poo da ploo.

Da wye gifts lie aroond wir feet,
maistlins we foryet ta luik.

Finnin da harmony

Ripper an flayer,
rhythm o tushkar,
pattern o paetbank;
wind wark an sun wark.
Raise dem an roog dem,
borrow-foo, kishie-foo,
hurl dem, rin wi dem,
a saeson's wark half dön.

Hent aa da sharn,
tagelia head-heich,
mix hit wi strae,
flatsh aa da *uple*;
lay dem ta dry,
raise dem an roog dem,
lift dem an kerry dem,
a saeson's wark half dön.

Da wye hit sings i wir blöd,
but we dunna laek hits tön.

Makkin da sang

Da wye da steid is set,
waa biggit, clods shöled,
haert bluest an best,
trim tae da tap;
a faelly röf.

Da steid set richt, *uple* biggit,
raa apön raa, dis wye an
dat wye, peerie roond biggins,
taps graftit aff;
fine an dry.

Da wye a faemly is beelt,
shapit, shaltered, luikit tae.

Completin da sang cycle

I da greff, faels
an skyumpies laid
sae dey can bed doon
inta new laand.

Uple for da fire,
ess for cleanin;
whit's owre höved
back tae da göd aert.

Da wye we come inta dis wirld,
ös hit an, tipperin, laeve hit.

lassi: yoghurt; *tagelia:* multi-purpose metal basins usually carried on the head;
uple: fuel pats made from dung and straw
göd: *good;* paet: *peat;* blue: *dense peat;* horse-fleysh: *fibrous peat;* twartree: *a*
few; sharn: *dung;* forbye: *besides;* poo: *pull;* ploo: *plough;* tushkar: *special peat-*
cutting spade; roog: *build in heaps;* kishie: *cane or straw basket for the back;*
hurl: *trundle in barrow;* hent: *gather;* flatsh: *flatten;* blöd: *blood;* tön: *tune;*
steid: *foundation;* shöled: *shovelled;* faelly: *turf;* röf: *roof;* raa: *row;* peerie: *little;*
biggins: *structures;* greff: *ditch (at base of peat bank);* skyumpies: *large turf*
blocks; ess: *ash;* höved: *heaved;* ös: *use;* tipperin: *unable to set foot down*

Harvest-hom

Shetland 1955

Voar – rigs waakened tae niff
o saat, ta wind's hurl: sometimes
a pirr, sometimes a daddery, a dirl.

Gairdens, yerds, blattered wi gales,
bushes cruggit i da lea. Come simmer
a rose budded, swalled, willed

ta lest, ta scent mirknen,
a lushness for a day or twa.
Come hairst, berries an flooers

aa but gien, da kirk hüld
a shaef o coarn, a lof or twa; neeps
an tatties wöshen for da blissin.

harvest-hom: *harvest-home festival;* voar: *spring planting-time;* rigs: *arable fields;* niff: *smell;* saat: *salt;* hurl: *sound of congested breathing;* pirr: *very light breeze;* daddery: *drudgery;* dirl: *vibration;* blattered: *shaken, beaten;* cruggit: *crouched;* mirknen: *twilight;* hairst: *harvest;* flooers: *flowers;* hüld: *held;* coarn: *oats;* lof: *loaf;* neeps: *turnips;* tatties: *potatoes;* wöshen: *washed*

Bangkok 2005, Loy Krathong Festival

Der a ön o haet, no a pirr o wind;
a day sae clos your step slows
ta da speed o da döless burn.

Abön you an at your fitfaa – flooers:
air fraachted wi offerins o lotus, orchis,
gaets buskit wi urns, wi petal pöls.

At nicht, bi luscious thoosands,
böddies o blossom, wi incense, set apö
wilsom watter, lit wi candles;

An fock glean a mindin at rekks
upstream tae skelfs o greenin rice, tae
harvest-hom, a foy, tae water o life.

ön: *sultry;* döless: *indolent;* fitfaa: *footfall;* fraachted: *freighted;* orchis: *orchid;*
gaets: *paths;* buskit: *decorated;* pöls: *pools;* böddies: *small baskets made of
straw (for the back);* wilsom: *beguiling, apt to cause one to lose one's way;*
mindin: *memory;* rekks: *reaches;* skelfs: *ledges;* foy: *celebration*

Haem-front Heroism

Scöl photo o lasses at Happyhansel, 1909

Some eens I still mind. Tae a bairn dey wir
aald weemen: der faces dry as fozie neeps,
hair tinnin anunder hat or headsquare.

Whitna onkerry i der hooses da moarnin
da scöl photo was taen: wi hens ta maet,
kye ta mylk, kishies o paets ta fetch; dan

hair ta redd an ribbeen, a collar ta fin;
dan rin laek da mellishon afore da bell whet,
afore 'Göd moarnin, Mester McCullie!'

Twa sisters I mind, smiles redder as wirds;
draems gien, der laads laekly taen i da war.
Wedded ta croft an kirk. I' da voar,

as dey delled, we gaddered meyflooers
at der burn; i da simmer, we'd sweem
fae der shore; i der biblical hairst, wi coarn

sickled, stookit, we'd bal neeps an stocks
i der door. Come Yöl, dey poored cordials
for wis, da peerie guizers, ginger shokkin

i da trot; dispensed trippenny bits stored
fae der pension. Maybe we wir der hairst:
da link o bairns' feet apön der barren flör?

Da photo, wi hits jottins o der days at scöl,
– pride an resignation i der boannie faces –
archives lyrics lost atween joy an döl.

haem: *home;* scöl: *school;* eens: *ones;* mind: *remember;* fozie: *soft, sapless,*
dried up; neeps: *turnips;* tinnin: *thinning;* whitna: *what a;* onkerry: *carry-on,*
disturbance; ta maet: *to feed;* kishies: *baskets for back;* redd: *comb;* ribbeen:
ribbon; fin: *find;* da mellishon: *the devil;* whet: *stopped;* laads: *boyfriends;*
kirk: *church;* voar: *spring planting time;* delled: *dug;* meyflooers: *primroses;*
hairst: *harvest;* coarn: *oats;* stookit: *sheaves set up in groups to dry;* bal: *throw;*
stocks: *stems of shot cabbage;* Yöl: *Christmas;* peerie: *little;* shokkin: *choking;*
trot: *throat;* trippenny bits: *three-pence pieces;* link: *dance;* flör: *floor;* döl:
sadness, grief

Notes on Poems

Transformation page 17

The Dovecote Studios of the Edinburgh Tapestry Company are now housed in the redeveloped former Infirmary Street Public Baths.

My father, as a student living in lodgings without washing facilities, used to go there for a bath. Even in the 1960s, many local people still made use of the slipper-baths in cubicles leading off the balcony above the swimming pool.

Circles o Bruna Ness page 27

Bruna Ness, West Burra, has a 'Giant's Stone', a huge toppled standing stone, as well as several prehistoric sites.

Cam i da Bretsh page 28

Many people over the years have come to Burra Isle, Shetland by sea; and some local fishermen have lost their lives at sea. This poem is set in the burial ground at Papil Kirk.

The ancient Pictish Papil Stone was found buried in this graveyard. (The Nuxalt are one of the First Nations peoples of the Canadian north-west. Their costumes for tribal dancing included elaborate bird masks.)

Houss Ness page 32

This poem refers to the one croft, Symbister, on Houss Ness, a glorious spot. It was abandoned in the early 1950s mainly due to the lack of a road.

Gaet-markers page 35

I collaborated with French-Canadian artist, Gabriel Lalonde on a response to the *balistes*, marker-buoys typical of the treacherous Breton coastline.

Trespass page 36

I wrote this poem after a final visit to my father's family home, before it was sold. The house had been built by my great-grandfather and the land occupied by my relatives for generations.

Lodger page 39

I happened to choose, as holiday accommodation, the cottage my father had lodged in when working as a temporary-teacher in Burra in the 1930s. It was fascinating to discover the story of his landlady, Maggie Christie.

Swallows for Steynshakkers page 42

The poem is set in Ouessant, Finistère, but has references to two islands with a strong fishing tradition in Shetland: Burra and Whalsa.

Catchin da Licht page 43

This poem was written after handling a piece of labradorite picked up on an Orkney beach. It was used extensively as ballast for windjammers on the North Atlantic crossing.

Frakka page 48

Frakka was possibly a woman with Norse connections who gave her name to a farm near Lerwick, Shetland. The poem is set *c.*1000 AD. The place names are still redolent of these earlier times.

Frakkafjeld	Frakka's hill (now Frakkafield)
Da Trowie Burn	The Stream of the Trolls
Grímr's ferm	The farm of Grímr (now Gremista)
Burra Dale	Valley of the rushes
Da Steis til Katrin	Katrin's Stream
Da Kalef	Promentory (now Califf)

Wirds: der a Pocky o Tricks page 53

This poems refers to Bengali which has three forms of 'you' and the word *'friselis'* in French, for which there seems to be no direct English equivalent.

Ultima Thule page 56

Ultima Thule is reputedly the name given to Shetland by the Romans. Some Italian prisoners-of-war were held at Sumburgh, Shetland, during the Second World War. One of my father's RAF duties was to lead their work team. The poem is in his voice.

Breton Circle Dance

Circle dances (*An dro*) are a strong feature of Breton culture. One suggested reason why these dances emerged is the gathering held to hansel a new house and smooth the earthen floors. There is evidence that similar house-dances took place in Faroe, possibly suggesting a Norse origin.

The Four Pillars of Wisdom

This poem is set in the 11th century Chapelle de Monbos, near Bergerac, France. The carving on the pillars appears to be based on the creation myth in Genesis chapter 2.

Da Seevent Bairn

This poem was written in response to a drawing by Joyce Gunn Cairns of an exhibit in the Museum of the Royal College of Surgeons, Edinburgh. The drawing showed the skull and hand of a woman who, because of her 'sparrow pelvis', had had many unsuccessful pregnancies. The use of imagery from the Old Testament (the seven plagues afflicting Egypt) is woven into the poem to suggest the woman's suffering.

Advent Wreath

This poem was written in response to the deaths of five young women from the Ipswich area, all victims of a serial killer in December 2006.

Mövin on

The image in the Old Testament (Deuteronomy 32:11) of the mother eagle training her young to fly inspired this poem.

'As an eagle stirreth up her nest, fluttereth over her young, spreadeth abroad her wings, taketh them, beareth them on her wings... ' or in Shetlandic,

'As da erne steers up ithin her nest, flaachters, swaps owre her laachter, takks dem, kyerries dem apön her wings... '

Seein Baith Sides

This poem, set at the hill of Hoofjeld, Cunningsburgh, Shetland, refers to the two large quartz erratics found there: *Da White Horse o Hoofjeld* and *Da Peerie Horse o Hoofjeld*. *Russdaal* means the 'Valley of the Horses'. In fact, the poem is mainly about place names, in response to a request for such poems from the Shetland Amenity Trust.

Being a Eunuch at Akbar's Court

The setting for this poem is Fatehpur Sikri, the palace of Akbar, Mughal king of North India in the 16th century. He consolidated his kingdom through marriage with women from each of the major religious groups. Court ladies, veiled, were allowed to play polo at night using a lit fretwork puck. They were also encouraged to engage in such activities as arm wrestling! There is a reference to *Durwa*, a Hindu goddess of power and fertility.

As I Turned fae a ATM Machine

The swastika in India is an ancient symbol which has strong positive connotations. The Nazis subverted this symbol, reversing it in the process.

Haem-front Heroism

There is a reference in this poem to the Shetland Halloween tradition of 'castin kale' ie stealing a cabbage or turnip from someone's yard (vegetable patch), throwing it in the porch door then running away before being caught.

Luath Press Limited

committed to publishing well written books worth reading

LUATH PRESS takes its name from Robert Burns, whose little collie Luath (*Gael.*, swift or nimble) tripped up Jean Armour at a wedding and gave him the chance to speak to the woman who was to be his wife and the abiding love of his life. Burns called one of 'The Twa Dogs' Luath after Cuchullin's hunting dog in Ossian's *Fingal*. Luath Press was established in 1981 in the heart of Burns country, and is now based a few steps up the road from Burns' first lodgings on Edinburgh's Royal Mile.

Luath offers you distinctive writing with a hint of unexpected pleasures.

Most bookshops in the UK, the US, Canada, Australia, New Zealand and parts of Europe either carry our books in stock or can order them for you. To order direct from us, please send a £sterling cheque, postal order, international money order or your credit card details (number, address of cardholder and expiry date) to us at the address below. Please add post and packing as follows: UK – £1.00 per delivery address; overseas surface mail – £2.50 per delivery address; overseas airmail – £3.50 for the first book to each delivery address, plus £1.00 for each additional book by airmail to the same address. If your order is a gift, we will happily enclose your card or message at no extra charge.

Luath Press Limited
543/2 Castlehill
The Royal Mile
Edinburgh EH1 2ND
Scotland

Telephone: 0131 225 4326 (24 hours)
Fax: 0131 225 4324
email: sales@luath.co.uk
Website: www.luath.co.uk